Ingeniería asombrosa

El London Eye

Números pares e impares

Monika Davies

Asesora

Lorrie McConnell, M.A.
Especialista de capacitación profesional TK–12
Moreno Valley USD, CA

Créditos de publicación

Rachelle Cracchiolo, M.S.Ed., *Editora comercial*
Conni Medina, M.A.Ed., *Gerente editorial*
Dona Herweck Rice, *Realizadora de la serie*
Emily R. Smith, M.A.Ed., *Realizadora de la serie*
Diana Kenney, M.A.Ed., NBCT, *Directora de contenido*
June Kikuchi, *Directora de contenido*
Caroline Gasca, M.S.Ed., *Editora superior*
Stacy Monsman, M.A., *Editora*
Michelle Jovin, M.A., *Editora asociada*
Sam Morales, M.A., *Editor asociado*
Fabiola Sepúlveda, *Diseñadora gráfica*
Jill Malcolm, *Diseñadora gráfica básica*

Créditos de imágenes: pág.7 (superior) Sussenn/Dreamstime; pág.7 (inferior) cortesía Marks Barfield Architects; págs.10–11 Paris Franz/Alamy; pág.11 Chris Pancewicz/Alamy; pág.13 Sue Martin/Alamy; pág.14 Carolyn Jenkins/Alamy;pág.17 David R. Frazier Photolibrary/Alamy; pág.18 Jack Cox in London/Alamy; págs.20–21 John Batdorff II/Alamy; pág.21 (superior) directphoto/Alamy; todas las demás imágenes de iStock y/o Shutterstock.

Library of Congress Cataloging-in-Publication Data

Names: Davies, Monika, author.
Title: Ingeniería asombrosa. El London Eye : numeros pares e impares /
  Monika Davies.
Other titles: Engineering Marvels. The London Eye. Spanish
Description: Huntington Beach : Teacher Created Materials, 2018. | Includes
  index. |
Identifiers: LCCN 2018007600 (print) | LCCN 2018009375 (ebook) | ISBN
  9781425823290 (ebook) | ISBN 9781425828677 (pbk.)
Subjects: LCSH: London Eye (London, England)--Juvenile literature. |
  Observation wheels--London--England--Juvenile literature. | Structural
  engineering--Juvenile literature. | London (England)--Description and
  travel--Juvenile literature.
Classification: LCC GV1860.F45 (ebook) | LCC GV1860.F45 D3818 2018 (print) |
  DDC 725/.909421--dc23
LC record available at https://lccn.loc.gov/2018007600

Teacher Created Materials

5301 Oceanus Drive
Huntington Beach, CA 92649-1030
www.tcmpub.com

ISBN 978-1-4258-2867-7

© 2019 Teacher Created Materials, Inc.
Printed in China
Nordica.072018.CA21800713

Contenido

Una vista sobre Londres

¡Mira hacia arriba… bien arriba! Conoce el London Eye (el Ojo de Londres). El London Eye es una rueda de **observación**. ¡Es la más alta de Europa!

El London Eye se abrió al público el 9 de marzo de 2000. Desde el Eye, los visitantes pueden ver casi todo Londres. ¡Tienen una vista panorámica! A muchos residentes les encanta el London Eye. También es un paso obligado para muchos **turistas**. ¡Ahora es tu turno de dar una vuelta!

Reino Unido

El London Eye se asoma sobre Londres.

La historia

En 1993, un periódico británico publicó un artículo. Decía que habría un gran concurso. El ganador sería la persona o grupo que construyera el mejor **monumento**. Dos **arquitectos** llamados David Marks y Julia Barfield leyeron la noticia. Pensaron que podían ganar. Juntos planearon construir una enorme rueda. La rueda subiría a los visitantes en el aire. ¡Podrían ver Londres desde el cielo!

la cima del London Eye

CAPSULES

SPOKE CABLES

RIM

HUB AND SPINDLE

135 000

A-FRAME LEGS

LONDON EYE

SOUTH BANK OF THE RIVER THAMES,
LONDON
BOROUGH OF LAMBETH,
UK

BOARDING PLATFORM

dibujo del London Eye

Julia Barfield y David Marks trabajan en el London Eye.

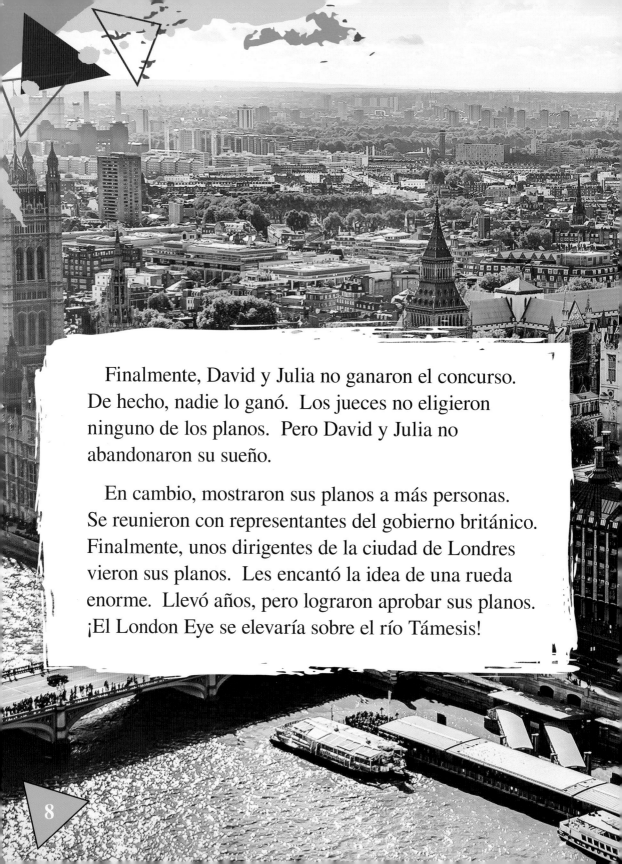

Finalmente, David y Julia no ganaron el concurso. De hecho, nadie lo ganó. Los jueces no eligieron ninguno de los planos. Pero David y Julia no abandonaron su sueño.

En cambio, mostraron sus planos a más personas. Se reunieron con representantes del gobierno británico. Finalmente, unos dirigentes de la ciudad de Londres vieron sus planos. Les encantó la idea de una rueda enorme. Llevó años, pero lograron aprobar sus planos. ¡El London Eye se elevaría sobre el río Támesis!

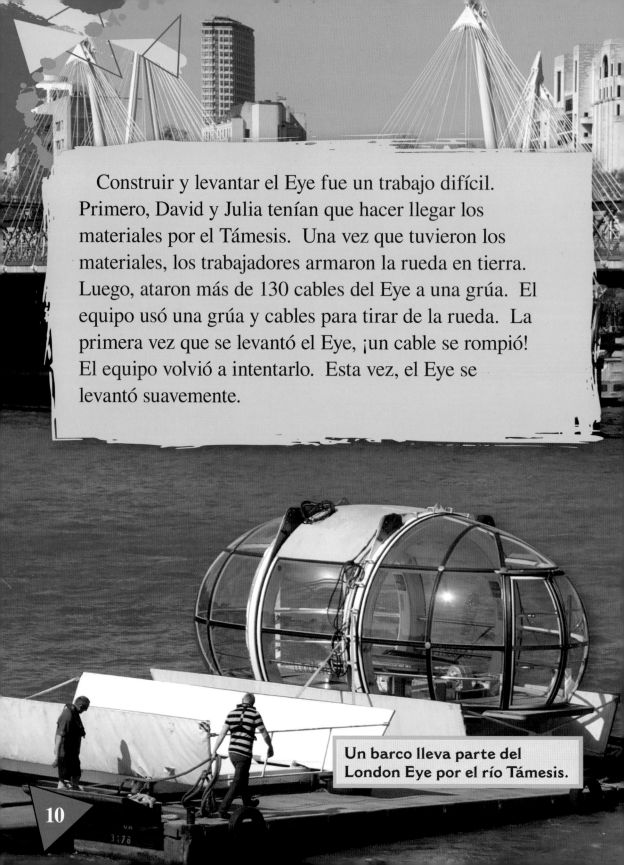

Construir y levantar el Eye fue un trabajo difícil. Primero, David y Julia tenían que hacer llegar los materiales por el Támesis. Una vez que tuvieron los materiales, los trabajadores armaron la rueda en tierra. Luego, ataron más de 130 cables del Eye a una grúa. El equipo usó una grúa y cables para tirar de la rueda. La primera vez que se levantó el Eye, ¡un cable se rompió! El equipo volvió a intentarlo. Esta vez, el Eye se levantó suavemente.

Un barco lleva parte del London Eye por el río Támesis.

Los trabajadores usan grúas para levantar el Eye.

El London Eye hizo su **debut** en 2000. Se mantiene hoy en día. Se asoma sobre el Támesis a 443 pies (135 metros) de altura. No fue barato construir algo tan alto. La rueda costó alrededor de £70 millones (libras esterlinas). ¡Eso es más de $85 millones (dólares estadounidenses)!

El Eye fue un gran proyecto. Su construcción llevó siete años. Cientos de personas trabajaron allí. Su duro trabajo valió la pena. Ahora, el Eye es una atracción muy **querida** de Londres.

Imagina que dos clases van de excursión al London Eye. Usa las ilustraciones para hallar cuántos estudiantes hay en cada clase. ¿Cada estudiante tendrá un compañero? Explica.

1. Clase Uno

2. Clase Dos

13

La vuelta

El primer paso para subir al London Eye es comprar una entrada. A menudo, los visitantes deben hacer largas filas para comprar sus entradas. Pero hay una manera de saltarse la fila. Se pueden comprar entradas en línea. Eso implica planificar con anticipación. Pero puede valer la pena.

Una entrada de adulto cuesta £24.95 (alrededor de $30). Y una entrada de niño cuesta £19.95 (unos $25). Los visitantes también pueden pagar por reservaciones privadas en el Eye. La cápsula será solo para ellos y sus invitados. Pero esto puede ser muy caro. Para dos personas, ¡cuesta al menos £380 (unos $475)!

Imagina que los hoteles están regalando pares de entradas a sus huéspedes para que suban al London Eye. Usa la tabla para hallar las entradas disponibles de cada hotel. Luego, decide si habrá algún resto de entradas en cada hotel.

Hotel	Entradas	Cantidad total de entradas	¿Algún resto de entradas?
Este			
Oeste			
Norte			
Sur			

1. ¿Qué hoteles tienen cantidades pares de entradas? ¿Cómo lo sabes?

2. ¿Qué hoteles tienen cantidades impares de entradas? ¿Cómo lo sabes?

Los visitantes esperan en fila para subir al London Eye.

Cuando los pasajeros tienen sus entradas, ya pueden subir al Eye. Entran en una de las 32 cápsulas del Eye. Estas cápsulas, o receptáculos, son como grandes habitaciones. Llevarán a los visitantes en el aire. David y Julia eligieron 32, igual que la cantidad de **distritos** en Londres. Si bien hay solo 32 cápsulas, una de ellas está marcada como la 33. ¿Por qué? Cuando los constructores estaban identificando las cápsulas, se saltaron el número 13. ¡Pensaron que ese número sería de mala suerte!

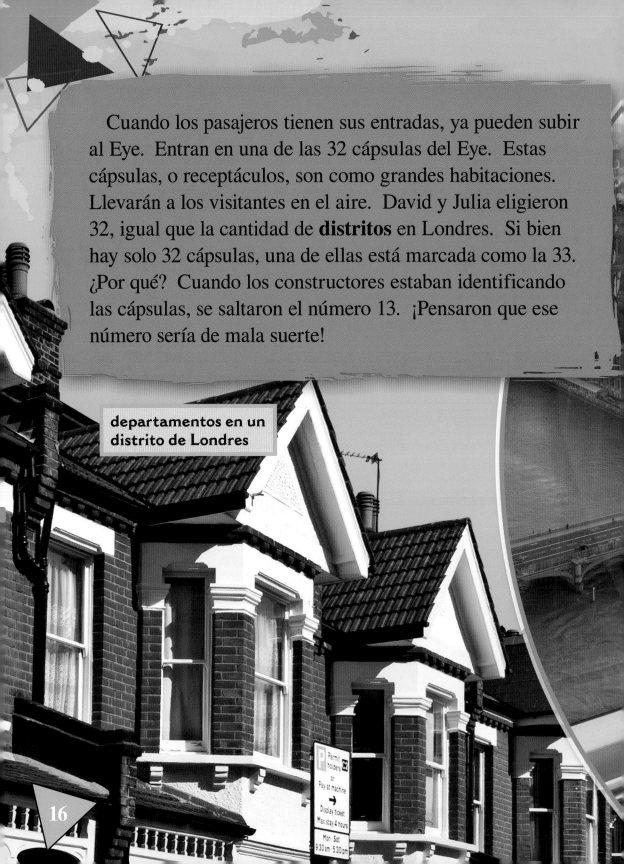

departamentos en un
distrito de Londres

El London Eye ofrece unas de las vistas más altas de Londres.

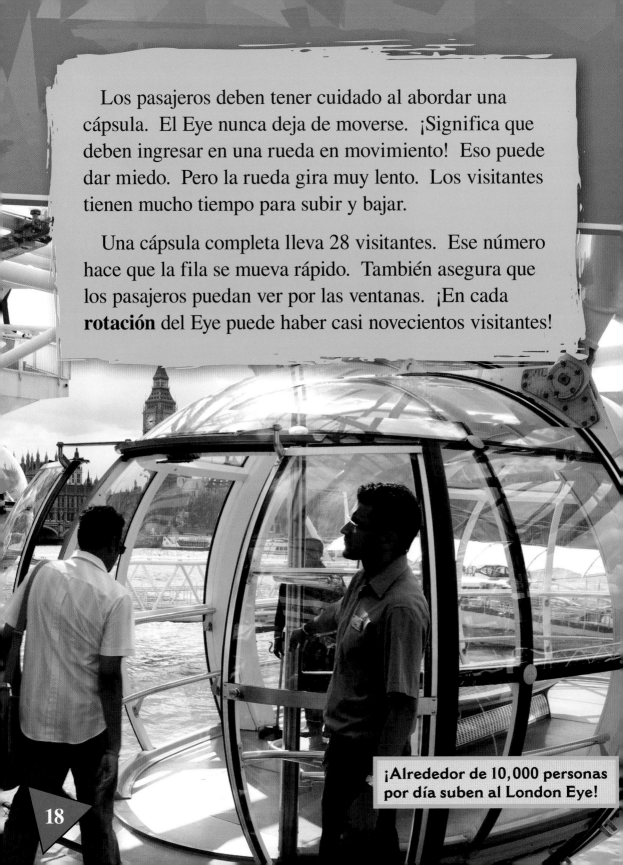

Los pasajeros deben tener cuidado al abordar una cápsula. El Eye nunca deja de moverse. ¡Significa que deben ingresar en una rueda en movimiento! Eso puede dar miedo. Pero la rueda gira muy lento. Los visitantes tienen mucho tiempo para subir y bajar.

Una cápsula completa lleva 28 visitantes. Ese número hace que la fila se mueva rápido. También asegura que los pasajeros puedan ver por las ventanas. ¡En cada **rotación** del Eye puede haber casi novecientos visitantes!

¡Alrededor de 10,000 personas por día suben al London Eye!

18

Imagina que los trabajadores están cargando las cápsulas con dos grupos iguales de pasajeros a la vez. Escribe operaciones de suma para demostrar cuántos pasajeros hay en cada grupo.

Cantidad de pasajeros	Operación de suma que muestra dos grupos iguales
6	3 + 3
12	
16	
18	

1. ¿Las cantidades de pasajeros son pares o impares? ¿Cómo lo sabes?

2. Da un ejemplo de una cantidad de pasajeros que no pueda dividirse en dos grupos iguales. Explica tu solución con palabras, números o dibujos.

La vista

Una vez que las cápsulas llegan a lo más alto, los pasajeros tienen una vista clara de Londres. Hay tanto que ver en todas las direcciones. También hay tabletas en cada cápsula. Las tabletas muestran mapas de los monumentos. Los visitantes pueden hacer clic en los mapas. Aparecen nuevas pantallas con datos sobre los edificios. Es una manera genial de aprender sobre la ciudad. La vuelta en el London Eye tarda 30 minutos en completarse. ¡Hay mucho tiempo para disfrutar de la vista!

Estos visitantes usan tabletas en el London Eye para aprender sobre otros monumentos de la ciudad.

Una pasajera del London Eye toma una foto del palacio de Westminster, otro monumento de Londres.

el palacio de Buckingham

Desde la cima del Eye, los pasajeros ven todo. Si es un día despejado, ¡pueden ver hasta una distancia de 25 millas (40 kilómetros)! Muchos pasajeros intentan ver los lugares de Londres relacionados con la realeza. Pueden avistar el palacio de Buckingham, donde trabaja la reina. Otros pasajeros apenas alcanzan a ver hacia la izquierda del palacio. En un día despejado, podrían ver el castillo de Windsor. Es la casa de fin de semana de la reina.

el castillo de Windsor

La gran torre del reloj que se ve desde el Eye también es famosa. Se llama la torre Isabel. Muchas personas la llaman Big Ben. Pero Big Ben es solo el nombre de la campana que está en la torre. La torre del reloj se ubica cerca del palacio de Westminster. Allí es donde se reúnen para trabajar los miembros del gobierno británico. En ese palacio se han creado muchas leyes.

la torre Isabel

Una mirada al futuro

Algún día, el London Eye ya no se elevará sobre el Támesis. El Eye tiene un **contrato de arrendamiento** de 25 años. Al terminar este contrato, es probable que el Eye sea demolido. Pero muchos creen que no será pronto.

No fue fácil para Julia y David poner la rueda en funcionamiento. Pero ahora el Eye es un monumento. Ofrece a las personas nuevas maneras de ver la ciudad. Ilumina el horizonte de Londres.

Por la noche, el London Eye se ilumina.

⚙️ Resolución de problemas

Después de ver el palacio de Buckingham y la torre Isabel desde el London Eye, muchos grupos de turistas deciden visitarlos. Cada grupo debe dividirse en dos grupos más pequeños y de igual tamaño. Ayuda a los guías a organizar los grupos respondiendo las siguientes preguntas.

1. Crea una tabla similar a la de la página 29. Separa a los turistas en dos categorías: los que pueden viajar en dos grupos iguales y los que no pueden viajar en dos grupos iguales.

2. De los turistas que pueden viajar en dos grupos iguales, ¿cuántos hay en cada grupo?

3. De los turistas que no pueden viajar en dos grupos iguales, ¿cuántos hay en cada grupo si los grupos deben ser lo más parecidos posible?

4. ¿Cómo puede un guía determinar si un grupo puede o no puede viajar en dos grupos iguales?

Turistas en cada grupo grande

4 9 11 13 15 19 20

Pueden viajar en dos grupos iguales más pequeños	No pueden viajar en dos grupos iguales más pequeños

Glosario

arquitectos: personas que diseñan y dibujan planos de edificios

contrato de arrendamiento: un acuerdo de usar algo, como una porción de tierra, durante un período de tiempo a cambio de un pago

debut: la primera aparición en público de un objeto

distritos: pequeñas secciones en las que se divide una ciudad grande

monumento: un objeto o estructura fácil de ver

observación: que está diseñado para mirar las cosas

querida: amada

rotación: una vuelta completa

turistas: personas que viajan por diversión

Índice

Soluciones

Exploremos las matemáticas

página 13:

1. 14 estudiantes; cada estudiante tendrá un compañero porque 14 tiene 7 pares.

2. 17 estudiantes; habrá un estudiante sin compañero porque 17 tiene 8 pares con 1 estudiante como resto.

página 15:

Este: 5 entradas en total; 1 resto

Oeste: 8 entradas en total; 0 resto

Norte: 10 entradas en total; 0 resto

Sur: 7 entradas en total; 1 resto

1. Oeste (8 entradas) y Norte (10 entradas) son pares porque pueden separarse en pares sin resto.

2. Este (5 entradas) y Sur (7 entradas) son impares porque no pueden separarse en pares sin resto.

página 19:

$12 = 6 + 6$; $16 = 8 + 8$; $18 = 9 + 9$

1. Par; las respuestas variarán, pero deben mostrar que son pares porque todos pueden dividirse en dos grupos iguales sin resto.

2. Las respuestas variarán, pero pueden incluir cualquier cantidad impar de pasajeros con los que no se puedan formar grupos iguales sin tener resto.

Resolución de problemas

1. Pueden viajar en dos grupos iguales: 4, 20; No pueden viajar en dos grupos iguales: 9, 11, 13, 15, 19

2. Grupo de 4: 2 en cada grupo; Grupo de 20: 10 en cada grupo

3. Grupo de 9: grupos de 4 y 5; Grupo de 11: grupos de 6 y 5; Grupo de 13: grupos de 6 y 7; Grupo de 15: grupos de 8 y 7; Grupo de 19: grupos de 10 y 9

4. Las respuestas variarán, pero pueden incluir conteo salteado de 2 en 2 para ver si el grupo tiene cantidad par o impar de turistas.